CONSIDÉRATIONS SUR LA POSITION ACTUELLE.

Pro aris et focis!

Après cinq jours de lutte sanglante, le calme est enfin à peu près revenu, l'ordre matériel rétabli. On peut espérer que le règne des lois va succéder à la sauvage anarchie, œuvre des mains coupables auxquelles fut confié l'avenir de la France le 24 février.

A d'autres plus compétents que moi, la mission de raconter ces sanglants épisodes de la marche révolutionnaire. Pourquoi, du reste, perpétuer de si tristes souvenirs, ne serait-ce pas plutôt le cas de s'écrier avec l'ancien : *Excidant illæ dies.*

Je veux me borner à démontrer, que les malheurs qui nous ont accablés, ceux dont nous sommes encore menacés, sont les conséquences logiques, inévitables, fatales, de l'invasion de l'élément socialiste dans l'établissement républicain ; que, pour peu qu'on persiste à vouloir introduire la moindre semence de ces idées pestilentielles, soit dans les lois, soit dans les mœurs nouvelles que l'on prétend nous imposer, soit dans la Constitution politique de notre belle et infortunée patrie, la guerre civile et toutes ses horreurs, sera toujours et partout flagrante.

En vain, la nation tout entière se lèvera en armes, comprimera l'émeute, rétablira par la force des armes l'ordre matériel la tranquillité ; elle ne pourra trouver la vraie liberté ; elle n'obtiendra que l'ombre trompeuse de ce bien si précieux, si indispensable pour la prospérité nationale.

L'ordre régnera, comme naguères il régna à Varsovie. L'ordre du sabre, le calme morne de la terreur, le silence du tombeau.

Rien de tout cela ne constitue la liberté.

Et comment donc espérer la rencontrer au milieu du tumulte soulevé par une multitude aveugle, fanatisée par des sophismes exécrables, qui court aux armes aveuglée par la rage de l'envie, de la convoitise, des passions les plus perverses, qui transforme en points stratégiques, en forteresses, nos rues, nos carrefours, nos places, nos édifices publics, jusqu'à nos maisons. Oui, répétons-le, et ce qui vient de se passer le prouve, on peut comprimer par la force ces tentatives sauvages et desespérées, mais on n'aura rien fait, rien accompli, tant que l'on n'aura pas détruit, extirpé entièrement, les maximes exécrables du socialisme.

1848

§ I.

DU SOCIALISME.

Le socialisme est la négation de toute loi écrite, de toute tradition, de toute liberté.

Les adeptes de cette secte détestable, sous prétexte de chercher je ne sais quelle perfectibilité de l'ordre social, sont les ennemis nés de tous progrès civilisateurs, de toute société.

Les maîtres ont le front serein, la parole emmiellée; ils déduisent facilement, avec une certaine lucidité des conséquences logiques en apparence, de leurs prémisses impies. L'homme qui n'a que les lumières du monde visible se laisse prendre à leurs raisonnements captieux. Aussi ont-ils beaucoup de prosélytes dans la société, dite éclairée; à chacun séparément, ils tiennent un langage différent; ils montrent à ce qu'ils appellent la bourgeoisie la misère du prolétariat; ils attendrissent l'homme sensible et généreux sur le malheur de ses frères deshérités; ils demandent à l'*équité*, à la *justice*, ce qu'autrefois la religion demandait à la compassion, à l'amour de Dieu et du prochain, à la charité. Différence subtile en apparence, mais qui leur sert de levier puissant quand ils s'adressent à la masse nombreuse du prolétariat dans les réunions clandestines où ils la convient.

Alors ils dépouillent toute retenue, ils appellent les choses par les noms qu'ils veulent leur attribuer.

La charité est dégradante pour celui qui la reçoit, c'est une restitution dérisoire; car, entendez-le bien, la physiologie de la richesse, ou si vous l'aimez mieux, l'histoire de la propriété, n'est que la pratique organisée du vol et de la misère, comme la jurisprudence décorée par les légistes du nom de raison écrite, n'est que la compilation des rubriques du brigandage légal et officiel qui constitue la propriété.

Plus loin, passant comme ils le disent de la négative à l'affirmative, *le socialisme oppose, au principe de propriété, celui d'association, et se fait fort de recréer, de fond en comble, l'édifice social, en constituant un droit nouveau, une politique nouvelle, des institutions et des mœurs, diamétralement opposées aux formes anciennes.*

Vient ensuite la définition de la société nouvelle qu'ils veulent constituer, écoutez leur jargon.

La famille n'est pas le type, la molécule organique de la société. L'unité constituée de la société est l'atelier.

On comprend que nous n'avons pas la prétention de faire, à nos lecteurs, un cours complet de socialisme. Nous n'en aurions pas le courage. Nous voulons indiquer seulement quelques uns des points fondamentaux de leurs doctrines, afin de donner une idée des moyens atroces qu'ils emploient, pour colérer le peuple, pour lui enseigner, non pas seulement l'envie, mais la haine de la propriété. On ne peut plus maintenant s'étonner des excès, des crimes sans nom, des actes de férocité sauvage, auxquels ces malheureux se sont livrés. Ils sont coupables, sans doute, mais ils trouvent, cependant, leur excuse dans la scélératesse de leurs atroces instituteurs, d'autant plus haissables que maîtres d'eux-mêmes, ils profitent, avec une méchanceté diabolique, de l'instinct de justice logique inhérent à la nation française pour fanatiser leurs séides.

Qui de nous, dans le monde, n'a pas rencontré des esprits vraiment distingués, ne rencontre pas tous les jours des hommes de cœur et de talent, imprégnés, saturés de ces funestes doctrines, des hommes de l'amitié desquels on serait fier, s'ils n'étaient pas socialistes. Est-ce leur faute personnelle? Est-ce défaut d'organisation? N'est-ce pas plutôt l'influence du caractère national.

Pour démontrer clairement ce point psycologique, il suffit de jeter un coup d'œil rapide sur le passé de la nation française. Tout peuple a ses qualités personnelles et par une conséquence naturelle, les défauts de ces mêmes qualités.

Le peuple français, au point de vue moral, est éminemment courageux et brave, il est de plus franc, loyal et probe.

Mais aussi il est fougueux, vif, emporté, logicien impitoyable et rigoureux. Ces défauts lui font confondre, dans un même anathème, les lois et les abus de ces mêmes lois; avec moins de générosité, de probité, avec plus de calme, il reconnaîtrait facilement que les abus doivent être seuls détruits; mais la loi conservée. Il trouve plus court de faire table rase. C'est triste à dire mais c'est l'entière vérité.

Ceci explique la facilité effrayante avec laquelle le Gouvernement provisoire vient d'accomplir sa funeste mission de Vandale et par conséquence inévitable, logique, cela vient expliquer aussi la puissance du socialisme, puissance d'autant plus funeste, qu'elle n'est bonne qu'à détruire, mais qu'elle est impuissante à réédifier.

Que la société telle quelle est, telle que nos pères nous l'ont léguée, telle que l'ont faite le caractère national, la religion, la succession des âges, l'empire de la tradition, la nature du climat; que cette société, soit sans aucune tache, qui pourra l'affirmer? Mais c'est le cas ou jamais de la prendre dans son ensemble, de l'envisager au point de vue philosophique. Si l'on est de bonne foi, sa Constitution est irréprochable, elle est tout ce qu'elle doit être. L'homme est né pour souffrir, il pleure dès sa naissance, plus tard les misères de la vie, la privation de la santé, la perte d'objets chers à son cœur, des biens de la terre, tout vient l'assaillir. Mais n'y a-t-il pas des compensations à ce triste tableau des misères humaines? La religion en lui enseignant la Foi, l'Espérance et la Charité. Dieu, en lui donnant la conscience du bien et du mal, l'amour du devoir, ne l'a-t-il pas suffisamment prémuni, armé, contre les malheurs d'ici bas? Ne lui a-t-il pas enseigné que la plus noble partie de son être, que son ame était immortelle? Pauvre je suis devenu, j'ai été trompé dans mes affections, je suis accablé d'infirmités, dit le chrétien mais ma conscience ne me reproche rien. Je suis fort, j'ai la Foi, j'ai l'Espérance, j'ai la Charité. J'aime mieux tout cela que le socialisme; dut il me rendre aussi puissant, aussi riche, qu'il ose me le promettre.

Concluons donc, quant à la société, qu'elle est telle quelle doit être, par la raison qu'elle est dans la nature des choses. Ce que n'a pu faire la Révolution de 1793, avec ses immenses moyens, avec des hommes trempés comme Marat, Robespierre, et tant d'autres, elle ne le fera pas en 1848, avec nos tristes contemporains.

Le socialisme est bien ancien. Toujours et de tous temps, chez tous les peuples, chaque société a nourri des ennemis invétérés dans son sein.

Par une analogie audacieuse et sacrilége, les socialistes de nos jours ont osé comparer leurs doctrines à celles de N.-S., à les entendre Jésus-Christ était un socialiste.

Nous allions nous écrier : Quelle impiété ! mais déjà nous voyons le sourire du dédain errer sur les lèvres de nos bilieux contradicteurs. Impiété, qu'est-ce que c'est que cela? Bel argument contre des philosophes tels que nous, qui traitons Dieu sans façon, c'est-à-dire comme la société.

Eh bien ! raisonnons. Nous y sommes disposés :

La doctrine chrétienne a constitué la famille.

Le socialisme veut constituer l'atelier.

La doctrine chrétienne enseigne le mépris des richesses, des plaisirs, des biens passagers.

Le socialisme, au contraire, ne s'attache qu'au bien être matériel.

La doctrine chrétienne enseigne qu'il faut considérer le travail comme une obligation, une pénitence, elle prescrit de plus la sanctification du travail par la prière, par la demande du pain quotidien.

Le socialisme, au contraire, n'envisage le travail que comme une odieuse et insupportable nécessité. Il ne dit pas qu'il faut prier, se résigner, mais il montre à ses adeptes, les moissons, les richesses de ceux qu'il appelle les heureux de la terre. Il excite par là l'envie, la cupidité, la convoitise, il déchaîne les passions, il brise tous les liens d'amour entre les hommes.

Le christianisme prescrit la charité qui est la vraie fraternité.

Le socialisme parle de fraternité, mais ce mot qu'il balbutie, l'écume à la bouche et la rage dans le cœur, n'est que la fraternité de Caïn.

Ce parallèle suffit pour montrer clairement aux yeux les moins clairvoyants, la différence radicale qui existent entre la croyance chrétienne, toute de foi, toute de charité, et les doctrines menteuses et sauvages du socialisme.

Le christianisme a eu des martyrs.

Le socialisme ne produit que des bourreaux, des brigands, des assassins recrutés parmi la lie du peuple.

Est-ce assez pour apprécier le socialisme à sa véritable valeur? Non, il faut ajouter, qu'au point de vue philosophique, il a le tort impardonnable de méconnaître les facultés intimes du cœur humain. Cette dérogation radicale aux règles de la science psycologique, le conduit à tenter l'usurpation par la créature des droits du créateur.

Cela est facile a démontrer, et, en effet, le socialisme considérant le bien-être matériel de la vie comme but principal, unique, enseigne au moyen des doutes qu'il élève sur le droit de la famille, sur celui de la propriété, je ne sais quelle doctrine d'assurance mutuelle et universelle des hommes qui doit assurer à tous le bonheur de la vie matérielle.

Aussi laissez faire un de leurs sectaires, Foùrrier, vous aurez non pas des époux, des épouses, mais bien des géniteurs et des génitrices; tout sera mis en commun, et les enfants que deviendront-ils? ils ne seront pas des fils, des filles, mais des êtres sans nom, sans lien. Pauvres humains ! vous n'aurez pas même la consolation de l'Allouette des champs, de la cavale de nos écuries ! femmes, vous aurez les douleurs de l'enfantement sans avoir en compensation les joies de la maternité!

Laissez aussi faire ceux qui ne veulent pas reconnaître que *la molécule organique de la société soit la famille*, mais bien *que la société repose sur l'unité de l'atelier* : ce sera peut-être pis, vous voilà condamnés aux travaux forcés à perpétuité !

Nous ne taririons pas si nous voulions mettre à nu la lèpre hideuse de ces dégoutantes maximes. Hâtons-nous de voiler ce triste tableau, et disons maintenant qu'il ne faut pas s'étonner, que la nation tout entière, pour se soustraire aux horribles conséquences de ces funestes maximes, se soit jetée dans les bras de la dictature militaire, qu'elle ait eu recours dans son omnipotence souveraine, à l'ultima ratio du fameux art. 14, si funeste, il y a 18 ans, à Charles X.

Mais, dira-t-on, pourquoi cet acharnement impitoyable contre le socialisme. C'est une doctrine mort-née, les socialistes ne sont plus écoutés. Voyez plutôt Albert, Louis Blanc, et tant d'autres. On peut répondre à cela que ces enfants perdus de cette détestable secte, sont, en effet, dans le discrédit le plus complet; mais le socialisme est debout, il n'a reçu que des atteintes légères ; l'esprit subsiste : que dis-je, les adeptes rejettent sur la maladresse personnelle de leurs apôtres compromis, le mauvais succès de leurs entreprises malencontreuses.

L'erreur se perpétue, elle est plus puissante que jamais. Comptez donc les suffrages donnés aux socialistes, lors des dernières élections de Paris, vous aurez le dénombrement de leurs phalanges. Nous ne citons pas de noms propres, chacun les connaît

Oui l'erreur subsiste, elle est écrite en toutes lettres dans la Constitution présentée à l'adoption de l'Assemblée Nationale. Cette Constitution passera très probablement, l'ignorance de plusieurs, la faiblesse, je ne sais quel esprit de lâche concession de quelques savants, la méchanceté d'un certain nombre composeront ensemble une majorité suffisante pour étouffer le vote de la partie restée pure de l'Assemblée. Dieu nous en préserve, mais c'est à craindre en ce moment.

§ II.

DE LA CONSTITUTION.

Nous bornerons l'examen du projet de loi, à ce qui concerne seulement les questions sociales. Notre but unique est de combattre le socialisme. Quant aux questions gouvernementales, elles ne nous touchent pas d'aussi près. Tous les bons Français comprendront notre réserve. A l'Assemblée Nationale est déléguée la mission de constituer le gouvernement du pays. Mais nous soutiendrons avec l'autorité des sages de toutes les époques et de toutes les croyances, que si les pouvoirs qu'elle a reçus sont suffisants pour constituer politiquement le pays, ils sont radicalement impuissants à changer la Constitution de l'ordre social.

En veut-on une preuve évidente? Le 24 février la monarchie de juillet s'est écroulée sans aucune protestation, sans résistance apparente ni cachée. Il est vrai que d'abord on avait décidé que la forme gouvernementale serait laissée au choix de la nation. Mais la République proclamée ensuite a-t-elle trouvé le moindre esprit d'opposition?

Et, depuis, tous les efforts du gouvernement provisoire pour agiter la nation, toutes les promesses imprudentes arrachées par la pression organisée de l'émeute; la garantie, l'organisation du travail, toutes les déclamations absurdes, violentes et mensongères, cette séparation en deux classes de la nation française si forte d'unité depuis 1789, ces circulaires insolentes, ces manifestations délirantes, ces clubs, ce déluge de décrets concussionnaires et spoliateurs, ces commissaires envoyés dans les départements, ces fonctionnaires pour la plupart recrutés dans la partie sans nom de la société. Tout ce que l'on a fait, tout ce que l'on a vu, a-t-il pu modifier, le moins du monde, notre organisation sociale? La nation est restée paisible, la lutte n'a existé qu'entre les partisans des idées nouvelles et la nation tout entière qui les repousse, et rien de tout cela n'a provoqué la moindre récrimination contre l'établissement de la *Vraie République!*

Bien plus, n'avons nous pas vu le mois dernier la Franee se lever tout entière, lancer l'élite de ses bataillons sur la capitale pour arracher la République aux mains insensées d'une horde parricide, dont les chefs sont indiqués, sont connus, que chacun désignerait hautement par leur nom, si le respect de la justice n'était pas si puissant dans notre pays.

Nous nous réservons plus loin d'indiquer la cause première de ce bouleversement épouvantable. Non l'état de la société moderne ne l'a pas motivé, le socialisme était aux aguets, il a vu dans l'ébranlement général des intérêts publics et privés l'occasion de mettre à l'œuvre ses exécrables utopies.

L'incurie des gouvernements européens a fait le reste. Nous signalerons les fautes des uns, la criminelle instigation des autres; mais rentrons dans la question.

Constatons comme observation préliminaire, que le projet de Constitution, tel qu'il a été présenté à l'Assemblée, n'a aucun des caractères qui constituent un acte législatif de cette importance ; il ne révèle aucune de ces grandes idées gouvernementales qui fixent les destinées d'une nation ; il manque de simplicité, de clarté, de précision ; ce n'est pas le langage impératif et vrai d'une loi souveraine.

On aperçoit trop que deux éléments opposés ont été mis en présence ; chacun d'eux n'ayant pu faire prédominer ses principes, il en est résulté un alliage monstrueux des opinions les plus contradictoires, une vraie macédoine législative : *Tout est à refaire.*

Nous l'avons dit, et l'on connaît nos motifs, nous laissons en dehors tout ce qui tient à la forme gouvernementale. Nous voulons nous borner à déblayer le monument social de tous les décombres que le socialisme y a si audacieusement accumulés. Il nous suffira pour cela d'examiner ce que nous appellerons la partie dogmatique de l'œuvre ; en un mot, ce qui a trait aux devoirs imposés, aux droits déclarés et reconnus, aux soi-disant garanties stipulées. Cela nous sera suffisant pour établir que le socialisme est tout à la fois impuissant par son ignorance des vraies lois de la société, et funeste par ses doctrines subversives ; en un mot qu'il est le fléau de l'humanité.

Nous abordons l'examen des devoirs prescrits par l'art. 1er.

Jusqu'ici, dans toutes les Constitutions écrites, on n'avait traité que des devoirs et des droits politiques du citoyen. Mais on avait évité de parler de ce qui rentrait dans le domaine du for intérieur. Le socialisme a changé tout cela. Nouveau Moïse, il oublie que ce prophète législateur n'avait, sous ses ordres, qu'une fédération de tribus errantes, réunies par une commune et récente origine ; il oublie, qu'il est en France sur la terre classique de la civilisation, des lumières et de la liberté.

Aussi parle-t-il un langage vague comme sa doctrine : poser en principe de ne faire à autrui que ce que l'on voudrait qu'il nous fît, sans compléter cette prescription par la maxime : *Rends le bien pour le mal*, n'est plus l'idée religieuse et civilisatrice, convenable seulement à une société composée de gens de bien. Elle s'applique à tout, elle peut être mise à l'usage des habitués d'un tapis franc, d'un mauvais lieu, à une bande de voleurs et de pirates, qui peuvent mettre cette maxime ainsi restreinte à l'usage de services réciproques, tels honteux, qu'ils puissent être.

Nous allions oublier que toutes ces belles choses seront décrétées en présence de Dieu et au nom du peuple français !

Vient ensuite la déclaration des droits : toujours même confusion d'idées.

« La liberté consiste dans le droit d'aller et de venir, de s'assem-
» bler paisiblement et sans armes, de s'associer, de pétitionner, d'exercer
» son culte, de manifester ses pensées par la voie de la presse ou au-
» trement.

» L'exercice de ce droit n'a de limites, que les droits ou la liberté
» d'autrui ou la sécurité publique. »

Cette déclaration des droits, rédigée d'une manière vague et quelque peu niaise, quant à ceux d'aller et de venir, etc., est à coup sûr
l'œuvre de Messieurs les socialistes.

Leurs adversaires en acceptant à contre-cœur cette définition, ont
à leur tour posé dans le second paragraphe des restrictions tellement
étendues, que la pauvre liberté se trouve en danger d'être confisquée,
ou, du moins, de n'exister qu'à l'état de mythe.

Une liberté qui peut être restreinte par les intérêts de la sécurité
publique, n'est pas une liberté. Tout le monde comprendra que l'essen-
tiel élément de la sécurité publique est la liberté. (Nous ne parlons pas
de la licence).

On pourra quand on voudra faire parler le *salut public*, à bon en-
tendeur salut !

Vient la définition de l'égalité, art. 4.

« L'égalité consiste dans l'exclusion de tout titre et privilége de
» naissance, classe et caste, dans l'admissibilité de chacun à tous les
» emplois publics, sans autre préférence que la *vertu* et le *talent*, et
» dans la participation *équitable* de tous les citoyens aux charges et
» aux avantages de la société. »

En ajoutant aux droits de la vertu et du talent, ceux de la beauté,
on pourra dire que le père Enfantin aura passé par là. Au surplus le sens
des mots n'engage à rien; il n'en est pas de même du dernier paragraphe, concernant la participation équitable de tous les citoyens aux
charges et aux avantages de la société. *C'est une rédaction socialiste.*

Une participation *équitable* est une participation relative et subor-
donnée à une appréciation quelconque; c'est une arme à deux tranchants
dont on peut facilement se servir pour confisquer l'égalité.

Une participation égale, au contraire, est une disposition absolue,
prévue, déterminée dans le sens impératif et clair de l'égalité, telle
quelle est consacrée par les Constitutions modernes et par nos lois.

L'article contenant la définition de la sûreté est assez bien conçu,
mais avec le fâcheux accompagnement des précédents articles il est sans
valeur réelle.

Vient ensuite la définition du droit de propriété, quelle que soit sa
précision, il court grand risque de n'être moins que rien, avec l'esprit de
l'art. 4, concernant l'égalité.

Arrive le droit à l'instruction gratuite donnée par le gouvernement.

Il faut craindre deux choses : 1° que la gratuité ne soit l'exclusion
de la liberté; 2° que le bon marché n'influe sur la qualité. Témoin le
catéchisme républicain protégé par le citoyen Carnot.

Nous abordons l'art. 7, qui traite du droit au travail. Voici le 1er
paragraphe :

« Le droit au travail est celui qu'a tout homme de vivre en travail-
lant. »

Arrêtons-nous là pour dire que cette rédaction, qui sent tant soit peu son lieu, est loin de celle consacrée par le proverbe connu et pratiqué par les vrais travailleurs :

Il faut travailler pour vivre.

Nous craignons que le paragraphe de la commission n'ait été proposé que pour l'usage de ceux qui suivant le vieil adage populaire :

Cherchent de l'ouvrage et prient le bon Dieu de n'en pas trouver.

Nous passons au 2ᵐᵉ paragraphe.

« La société *doit* par les moyens productifs et généraux dont elle » dispose et qui *seront* ultérieurement *organisés*, fournir du travail » aux hommes valides, qui ne peuvent s'en procurer autrement. »

Pour discuter convenablement cet article, il convient de passer de suite au chapitre 8 du projet qui traite de la garantie des droits, art. 132.

« Les garanties essentielles du droit au travail, sont : la Liberté » même du travail, *l'association volontaire*, l'égalité des rapports entre » le patron et l'ouvrier, l'enseignement gratuit, *l'association profes-* » *sionnelle*, les institutions de prévoyance et de crédit, l'établissement, » par l'État, de grands travaux d'utilité publique destinés à employer, » en cas de chômage, les bras inoccuppés. »

On le voit : la commission nommée par l'Assemblée, avait sous les yeux les matériaux précieux, élaborés par la fameuse commission du Luxembourg ! C'est du Louis Blanc tout pur, son idée y domine.

Prendrons-nous la peine de refuter ces énormités monstrueuses. Ces hérésies sociales si tristement mises en action, il y a à peine quelques jours, au milieu de Paris consterné ? Il le faut bien puisque, malgré le discrédit de leurs auteurs, on ose encore les soumettre à la sanction du Sénat populaire.

On n'avait donc pas fait connaître, aux *travailleurs* des ateliers nationaux, la teneur de ce projet ? Autrement il faudrait reconnaître que ce sont de malheureux impatients.

Ils n'ont donc pas vu ces pauvres aveugles, que ces dispositions leur étaient bien plus avantageuses que les quatre heures de pillage, que le milliard de Barbès ! ! !

Ils tenaient dans leurs mains, sans violence et sans effort, ce que leur fougue sauvage et meurtrière leur a fait compromettre.

Nous disons à dessein *compromettre* et non pas *perdre*, car nous le déclarons, si de toutes ces clauses une seule est décrétée, ils auront le tout !

Pour compléter l'examen de ces articles, nous passons au droit d'association.

Comme on l'a vu, il est de deux sortes dans le projet.

L'association volontaire; l'association professionelle.

On semble vraiment être en proie aux hallucinations d'un rêve pénible quand on lit une définition aussi étrange des droits de l'humanité. Enfin, poursuivons et disons quant à l'association *volontaire*, qu'il ne peut exister d'association si elle n'est pas volontaire. Le bon sens le veut ainsi. La raison générale, c'est-à-dire le droit écrit, ne parle pas, ne peut pas parler d'association volontaire, parce qu'il ne peut être entendu raisonnablement que des hommes puissent s'associer entr'eux, malgré leur volonté.

Leur volonté, c'est la base du contrat; la sympathie, l'entente cordiale des associés, c'est le lien, c'est l'élément constitutif de la société.

Mais les conditions les plus impératives, inscrites dans la loi, dans les actes de la société, ne la feront pas subsister un seul instant si les associés ne s'entendent pas entr'eux.

Ce sera tout ce que l'on voudra, une cohue, une tour de Babel, mais ce ne sera pas, à coup sûr, une *association durable et sérieuse*.

Pour en citer un exemple frappant, ne voyons-nous pas dans nos ports, sur nos côtes, chez les peuples de la Méditerranée, des marins s'associer pour exploiter la pêche, la navigation? Si l'on voit ces associations quelque fois prospérer, croit-on que ce soit par suite des prescriptions de la loi, que presque tous ignorent, que la plupart n'ont jamais lue? Non, c'est uniquement par la force de cohésion d'un intérêt véritablement social, fortifié par les périls et les dangers communs de la mer qu'ils sillonnent.

Et pour faire sentir toute l'influence des choses sur les hommes, disons que ces associations cessent d'être aussi solidement établies, quand elles s'appliquent a des opérations de longue haleine, témoin les expéditions de notre port, pour la pêche si aléatoire de la Baleine.

Un heureux voyage, une belle pêche, en donnant au matelot l'attrait d'une part avantageuse de bénéfice, l'attache au navire nourricier. Mais que des contre-temps imprévus, et pourtant si fréquents, viennent contrarier au début l'ardeur de l'équipage; le découragement s'emparera de chacun des matelots, il regardera tristement ce fatal navire, qui le promène stérilement dans des mers désolées, sous des climats inhabitables; la désertion, la maladie décimeront ces malheureux. L'association sera virtuellement brisée.

Si par une analogie naturelle, on applique ce raisonnement aux associations entre patrons et ouvriers; on aura le même et inévitable résultat.

Supposons une association de cette nature, créée dans le but de construire un édifice, une maison, un travail d'art quelconque.

Les plans sont dressés, les devis rédigés, le prix des matériaux de toute nature, connu et arrêté d'avance, la différence entre la valeur totale de ces dépenses essentielles et celle allouée pour la construction des bâtiments déterminée; dès lors il sera rigoureusement possible de faire une répartition équitable des bénéfices.

Naturellement des avances proportionnelles seront faites aux ouvriers pour faire face à leurs besoins journaliers. Tout va bien, mais un accident imprévu survient, le bâtiment à peine élevé s'écroule, c'est à recommencer! Comment faire pour obliger patron et ouvriers à persister dans cette association fatale pour les intérêts communs? Peut-on sans injuslice forcer le patron, devenu de par la loi l'égal de l'ouvrier, à payer le sinistre de sa bourse, ou contraindra-t-on les malheureux ouvriers à travailler gratis pour le réparer? Voilà donc l'association brisée, elle n'a plus d'aliment.

Et les tiers qui auront fourni les fonds, à qui auront-ils recours? Et si le gouvernement est intervenu, où sera son cautionnement, sa garantie?

Pauvres ouvriers, vos amis hypocrites sont vos plus cruels ennemis. Nous sommes au surplus certains que votre bon sens naturel vous suffira pour repousser des dons aussi funestes. Semblables au savetier prolétaire du bon Lafontaine, vous rendrez les cent écus au financier et garderez vos gais refrains et votre bon somme; cela vaut mieux que les tracas de l'association. Vous couchez sur la dure, il faut être exempt de soucis pour y dormir.

Quant à l'*association professionnelle*, *nous ne la concevons pas* ; à moins qu'on ne veuille supposer que la commission ait eu l'intention, en ne stipulant pas qu'elle serait volontaire, de la rendre forcée et en même temps exclusive.

Aurait-on voulu tenter la résurrection de ces institutions décrépites du moyen-âge, de toute cette vieille friperie de l'ancien régime, les maîtrises, les jurandes et les corporations et arriver ainsi au renversement des principes consacrés en 1789 ?

Nous croyons avoir prouvé suffisamment, par l'examen superficiel auquel nous nous sommes livrés de ce projet, toutes les intentions perverses du socialisme; il nous reste à examiner le droit à l'assistance, complément obligé du droit au travail et à l'association.

Le droit à l'assistance, bien que circonscrit dans son application et réduit si l'on veut aux proportions de l'aumône officielle, de l'hospice, ou comme on l'a dit, des invalides du travail et de l'industrie, était bien inutile à constater dans la Constitution politique du peuple Français; c'est une sanglante injure au noble caractère de notre nation, chez laquelle il faut reconnaître que les sentiments généreux sont instinctifs! Qui ne sait, que de temps immémorial, la charité chrétienne, si puissante en France, a toujours pourvu généreusement à la dotation des établissements de bienfaisance ? Mais il fallait qu'un hommage éclatant fût rendu au socialisme; il fallait donner raison aux déclamations de ses adeptes, faire passer la société tout entière sous les fourches caudines de ces sectaires. Si ce n'était pas l'intention de la majorité de la commission; comment expliquer alors l'inscription étrange dans la Constitution d'un principe aussi monstrueux ?

Comment n'a-t-on pas vu, que c'était reconnaître avec les socialistes que le secours, l'aumône n'était qu'une restitution du bien volé, dérisoire de la part de celui qui la faisait.

Restitution déshonorante, avilissante pour celui qui l'acceptait à titre de secours.

Rien de tout cela n'est exagéré. Le droit sacré de la propriété, aucieh comme le monde quoiqu'on en dise, est commun aux hommes et aux autres animaux qui peuplent la terre. Du moment qu'il est méconnu, on arrive au renversement, à la négation de toute espèce d'ordre légal.

On détruit toute moralité, et finalement, on va jusqu'à dégrader l'homme de sa noble origine ; on le rejette au dessous, bien au dessous des animaux d'organisation la plus inférieure. Telle est la conséquence forcée de cette disposition insensée.

Et, en effet, si comme le disent les plus bénins des socialistes, la propriété est un privilége injuste, une usurpation sujette à restitution ; alors la charité cesse d'être le produit spontané d'un mouvement du cœur, en devenant légalement obligatoire.

On raie de la nomenclature des vertus chrétiennes, la plus essentielle, celle par laquelle l'homme généreux a le plus de ressemblance avec la divinité, celle qui met le sceau à la perfection religieuse du chrétien, la charité !

Le percepteur, homme de chiffres, se substitue désormais à la main généreuse et discrète, qui, suivant les préceptes sacrés de l'Evangile, couvre avec une pudeur toute religieuse les bienfaits qu'elle répand, du voile discret de l'anonyme.

L'État sera mis en possession d'assister les nécessiteux. On ne fera plus l'aumône, elle serait dédaignée! le socialisme le veut ainsi! On aura *l'assistance !*

Et quelle sera la conséquence inévitable des ces étranges principes? Ce sera le communisme qui établira son empire destructeur sur les ruines de la société chrétienne !

Mais en détruisant dans le cœur de l'homme la charité, on supprime en même temps forcément une autre faculté du cœur non moins essentielle, la Reconnaissance.

Alors voilà l'homme rejeté plus bas que les animaux domestiques, que les animaux les plus féroces, qui tous, presque sans exception, ont un regard, une caresse pour la main qui les flatte et qui les nourrit.

Ce n'est pas tout, l'homme insouciant, désormais assuré de son existence matérielle, deviendra forcément imprévoyant ; alors le pauvre genre humain n'aura plus même le mérite instinctif de la prévoyance, que Dieu dans son inépuisable sollicitude a accordé à tant d'animaux, aux insectes, aux abeilles, aux fourmis !

Peut-on aller aussi loin et aussi bas ! Voilà l'œuvre du socialisme.

Et maintenant ne sommes-nous pas fondés à dire que le projet de Constitution est une œuvre funeste, une loi destructive de tout ordre légal!

Nous abrégeons et du reste la tâche que nous nous étions proposée d'accomplir est remplie.

La nation a confiance dans l'Assemblée Nationale, elle compte sur le patriotisme et les lumières de ses membres pour déjouer les sinistres projets des ennemis de la société.

Mais il ne suffit pas à un gouvernement, soit monarchique, soit républicain, d'être appuyé par une majorité même incontestable.

Il faut de plus que tous les intérêts politiques et sociaux soient garantis et pondérés.

Sa force et sa durée sont à ce prix, mais si des utopies sans racine dans la nation forment la base gouvernementale.

Alors quel que soit le degré de confiance que les gouvernants aient su inspirer, rien ne marche, rien ne progresse, tout végète, dessèche et meurt. Une terreur involontaire s'empare de tous les esprits. On s'interroge vainement, sans trouver la cause de ce malaise inexplicable, la société vogue à l'aventure comme un navire sans pilote et sans gouvernail !

Telle est la position funeste de la France aujourd'hui à l'agonie. La cause en est connue, c'est la lèpre du socialisme. Il faut qu'elle soit extirpée de la Constitution. Il faut que ses adeptes soient chassés du pouvoir et rentrent dans la fange dont ils n'auraient pas dû sortir. Leur triomphe nous jéterait dans l'esclavage, nous plongerait dans la misère. Plus cléments et plus humains que ces dénaturés, la seule punition que nous voulons leur infliger sera de vivre heureux avec nous sous l'influence tutélaire de nos institutions, ne leur demandant en retour que le respect dû à nos lois nationales, sauvegardes vénérées de nos familles et de nos toits domestiques.

§ III.

CAUSES POLITIQUES DE LA RÉVOLUTION

L'erreur de l'époque actuelle, préoccupée du progrès étonnant des connaissances humaines, est de croire que les idées sont soumises aux mêmes lois que les sciences physiques et mécaniques.

S'il est une vérité constatée, c'est que la science philosophique n'a point progressé. Sous ce rapport, l'adage, rien de nouveau sous le soleil est l'expression de la vérité la plus exacte, la plus incontestable.

Les systèmes les plus nouveaux de nos maîtres en philosophie, n'ont pas donné à l'homme une seule pensée nouvelle, une seule idée progressive : Il en est de même en ce qui concerne les idées politiques.

La preuve la plus éclatante que nous puissions en donner, c'est ce qui s'est passé depuis le 24 février. Nous avons vu successivement un quasi décemvirat, ou conseil des onze, un comité de salut public, comme on voudra ; un directoire, enfin une dictature ! Notre Constitution nous promet un président. Toujours l'unité d'action, de gouvernement ! Sous ce rapport les idées humaines et politiques, comme on le voit, n'ont pas marché : en un mot la République fondée en février n'existe plus, elle a dit son dernier mot le 24 juin, quatre mois, jour pour jour, après sa fondation. La République est donc à constituer, ou plutôt, ainsi que le disait M. Goudchaux, maintenant ministre, la République n'a pas encore dit son premier mot !

Mais si le progrès de idées humaines n'existe pas, il n'en est pas de même pour les sciences physiques ; elles sont depuis cinq cents ans dans un progrès ascensionnel et continu. Nous prenons à dessein ce point de départ, parce qu'il est marqué par l'invention de la poudre de guerre, qui changea tout à coup les destinées du globe, arrêta victorieusement les invasions des barbares de l'Orient et permit à son tour à la civilisation conquérante de s'élancer triomphante sur les deux hémisphères. L'invention de l'imprimerie, celle de la boussole concoururent au même résultat.

L'invention moderne de la vapeur est appelée de nos jours à changer encore la face du monde, son application à la locomotion par les chemins de fer, bouleverse l'ancien et décrépit édifice de l'équilibre européen, si laborieusement construit à coup de canon, pendant les derniers siècles.

La vapeur détrône le salpêtre.

Elle rapproche les distances, en laissant libre l'espace.

Elle unit en un seul faisceau les nations du vieux continent européen.

L'Angleterre naguères si fière de sa position insulaire se trouve reléguée dans un coin de l'Europe.

Le sceptre des mers devient inutile entre ses mains, tandis que les mers glacées du nord sont fermées l'hiver à ses aventureux marins; la vapeur pénètre partout jusques aux points les plus reculés.

La rigueur des saisons, la difficulté des anciennes communications ne sont plus des obstacles : C'est un va et vient continuel, deux courants électriques en sens contraire qui constinuent les éléments puissants d'une source inépuisable de richesses, dans lesquelles l'Angleterre ne puisera plus comme jadis à pleines mains et dont la meilleure part revient à la France!

A la France! dont la position géographique est si admirable! territoire carré, à cheval sur trois mers, avec des ports magnifiques accessibles en toutes saisons. Aussi près que ceux d'Espagne des mers Atlantiques, mais anssi bien plus rapprochés du centre du continent, avec lequel son territoire est contigu sur une étendue considérable et partout accessible.

A la France! qui devient ainsi le point unique de transit et d'échange du commerce du monde, au moyen de ses voies ferrées qui rayonnant de ses ports de mer sur Paris, iront de là s'élancer vers les nations enropéennes et leur donner la main!

Parlez-nous donc diplomates en herbe, écoliers à barbe grise, des traités de 1815! n'êtes-vous pas coupables de laisser à l'état brut des éléments aussi féconds de prospérité et de bonheur? Éléments naturels, que nulle victoire ne saurait donner, ne pourrait assurer; mais que le stupide entêtement qui vous pousse à favoriser le socialisme dans ses projets atroces, vous fera étouffer au profit de l'Angleterre notre éternelle ennemie.

Et vous soi-disant économistes, libres échangistes, qui éleviez si haut le libéralisme commercial de Robert Peel, avez-vous maintenant le secret de la comédie qu'il a jouée? Croyez-vous encore que c'était de vains besoins du trésor, ou bien un hommage rendu à la liberté du commerce, qui lui faisait demander aux Communes l'aumône de l'*Income tax* et renverser le vieux système commercial anglais, au nom du salut de la vieille Angleterre ?

Et vous membres de l'opposition constitutionnelle, reconnaissez-vous maintenant le ressort secret des manœuvres de l'anglais pur sang Palmerston? Intriguant partout contre le gouvernement français; en Portugal contre un gouvernement ami; en Espagne à cause des mariages; en Grèce, en Orient, dans le Liban, en Suisse, en Italie, en Sicile, en Allemagne, en Prusse, en Autriche, Marquant partout son doigt ensanglanté!

Et pour être justes envers tout le monde, vous partisans de l'entente cordiale, avez-vous à présent les yeux ouverts? n'étiez-vous pas aveugles de ne considérer l'établissement des chemins de fer qu'au point de vue financier, ou plutôt si vous n'avez pas manqué de lumières, n'avez-vous pas manqué de franchise, en n'appelant pas la nation tout entière corps et ame à la conquête pacifique des chemins de fer?

Et vous enfin, tristes démolisseurs, du Gouvernement provisoire, comment justifierez-vous votre coupable conduite? Vous n'avez eu qu'une pensée, celle de la rapine et du vol. Vous n'avez vu dans la main mise, par vous tentée sur les compagnies de chemins de fers, sur les fonds quelles possédaient, qu'un moyen de solder, quelques semaines de plus, vos hideuses cohortes de montagnards et d'assassins!

Quant à l'idée nationale elle ne s'est pas un instant présentée à votre pensée.

Préoccupés uniquement de faire triompher le socialisme, vous avez fermé les yeux à la lumière, vous avez tenté d'endormir la France au bord du précipice où vous l'avez poussée, et cependant l'univers entier s'ébranle, partout la terre tremble et s'agite sur ses fondements!

Dans le nouveau monde: l'antagonisme de deux races de couleur et d'origine différentes, excité par vos exécrables décrets, couvre de ruines nos colonies, et c'est à peine si vous balbutiez quelques paroles tardives de réparation! Au reste, un des vôtres n'indiqua-t-il pas naguères l'emploi du poison, si familier à la race nègre? Vous l'avez choisi, cet homme pour l'exécution de vos basses œuvres! Vous êtes les continuateurs du farouche décemvir, qui s'écriait aussi dans sa rage insensée: *Périssent les Colonies plutôt qu'un principe!*

Vous vous êtes vantés d'avoir conquis pour la République l'assentiment, les félicitations de l'Angleterre! Vous n'êtes que ses ignobles instruments! les annales du pays diront un jour qu'au moment où le ministre Guizot, étonné de la fuite précipitée des familles anglaises, cherchait à rassurer l'ambassadeur Normanby. Ce dernier avait deviné que les tapis francs de Paris se préparaient aux barricades et s'apprêtaient à vous élever sur leurs ignobles pavois!

Fatal rapprochement! Dans le nouveau monde, une nation brave, énergique et fière, le Mexique, avait pu conquérir sa liberté, mais sans avoir su consolider son indépendance.

Victorieuse de ses anciens dominateurs, elle n'avait fait que changer de joug. Les caprices, la rivalité des chefs qu'elle s'était donnée, l'avaient affaiblie dans des discordes intestines adroitement excitées par les intrigues des marchands de New-York et du Mississipi.

L'Anglo-Américain avec la perspicacité et la finesse d'instinct d'oiseau de proie, qui distingue la race dont il tire son origine, a deviné! Il a attendu le moment favorable! On sait le reste!

Et personne ne veille sur la France! Personne ne pousse le cri d'alarme!

La France noble terre, allanguie, défaillante sous les coups redoublés du socialisme qui pèse sur elle, doit elle être jetée en pâture au léopard Britannique comme le Bengale, qui lui aussi s'est *atrophié* sous le socialisme de Brahma?

Il en est temps encore, arrêtons-nous dans cette voie funeste où nous semblons entraînés par une force invisible et fatale! N'en doutons pas, la moderne invention de la vapeur qui appliquée à l'usage industriel, devait assurer la prédominence française, est passée à l'état gouvernemental! Ne sentons-nous pas se dérober l'espace? Ne dirait-on pas que la France est entraînée vers un désastre inconnu, mais certain, par une locomotive lancée à toute vapeur, sans machiniste, sans conducteur et sans frein!

Mesurons le chemin parcouru depuis le 24 février.

Le pouvoir souverain est délégué à l'unité du sabre!

Loin de nous, cependant, l'idée de méconnaître le patriotisme de l'homme choisi dans lequel se personnifie aujourd'hui le pouvoir exécutif.

Son mérite incontestable, sa probité politique, son courage, ses talents, tout cela ne fait que constater l'imminence du danger de la patrie.

La tâche qu'il n'a pas craint d'assumer est immense, mais elle n'est pas au dessus de ses forces.

Pour la remplir dignement, nous ne craindrons pas de lui dire qu'il faut rompre entièrement avec les idées socialistes! Plus de temporisations, plus de ménagements pour de tristes sectaires! Il faut une direction nouvelle; il faut abandonner ce système si dérisoire, si énervant, si malheureusement pratiqué, de vouloir laisser d'eux-mêmes les opinions et les hommes s'user; politique de *médecine expectante*, indigne du gouvernement d'un grand peuple qui n'a besoin que de vouloir, pour pouvoir.

Il faut revenir à la vérité des saines doctrines; rappeler le peuple à l'amour et au culte des devoirs, faire respecter les lois du pays, les défendre contre toute attaque, maintenir, enfin, les droits sacrés de la religion, de la famille et de la propriété.

A ce prix la France sera sauvée! Elle pourra inscrire sur sa bannière: Liberté, Égalité, Fraternité!

Hors de là! il ne faut voir que désordre, trouble, terreur, ruine! et faut-il le dire? honte pour la France *! ! !*

L'histoire parlera! la postérité jugera!

Juillet 1848.

L. L.

Havre. — Imp. F. Hue.